AF478560

HIDDEN PLACES | SCÁTHÁN EILE

Deirdre Brennan

HIDDEN PLACES ⋮ SCÁTHÁN EILE

ARLEN
HOUSE

Hidden Places ¦ *Scáthán Eile*

is published in 2011 by/Foilsithe i 2011 ag
ARLEN HOUSE
42 Grange Abbey Road
Baldoyle
Dublin 13
Ireland
Fón/Facs: 00 353 86 8207617
Ríomhphost: arlenhouse@gmail.com
arlenhouse.blogspot.com
www.arlenhouse.com

International Distribution/Dáileoirí idirnáisiúnta
SYRACUSE UNIVERSITY PRESS
621 Skytop Road, Suite 110
Syracuse, NY 13244–5290
Fón: 315–443–5534/Facs: 315–443–5545
Ríomhphost: supress@syr.edu
www.syracuseuniversitypress.syr.edu

ISBN 978–1–85132–031–8, hardback/crua
978–1–85132–041–7, paperback/bog, 2012

Clóchur ¦ Arlen House
Priontáil ¦ Brunswick Press
'Holly Cooking' ¦ Pauline Bewick
Watercolour, 2008, 32" x 24"
www.paulinebewick.ie

Tá Arlen House buíoch de
Chlár na Leabhar Gaeilge
agus d'Fhoras na Gaeilge

Contents

9   *Acknowledgements*

HIDDEN PLACES
13   Easter Week Sunrise
14   Sheepskins
15   Insomnia
16   Grieving
17   In the Outhouse
18   Klimt's Farmhouse
19   The Pheasants
20   From the Meltwater
22   You Hadn't the Words to Tell Me
23   The Meeting
24   The Dark
25   The Death Pact
27   Love
28   Words
30   Beyond the Wall
31   Sorrow
32   Queen Medbh of Connacht
34   The Hunt
35   The Quest
36   The Other House
37   Dandelions
38   Meteora
40   In Saint Dominic's Church, Lima
41   The Sin Eater
42   The Apprentices
44   Voices
45   The Old Dears
47   In the Archaeological Museum, Athens
48   Pursued
49   The Swallows' Nest
51   These Days

55 Fuiseog na Spéire
56 Bealach Conglais
57 An Bháisteach
59 Fiosracht
60 An Colúr
61 An Dealbh Mharmair
63 Toircheas
64 An Mháthair
65 Leanbh faoi Airm
67 Manuela
68 An Spéirbhean
69 Cúram Maolaitheach
70 Daortha chun Báis
71 Foraois agus Abhainn
73 I Scáthán na Seanchreideamh
75 Caismirneach an tSuca
77 Fuascailt
78 Grianghraf do Shinsear
80 Na Beartáin
81 Mí an Mheithimh 1586
82 *Gorky* ar Deoraíocht
83 Lilith
86 Gnéithe na Gealaí
87 Na *Gigabytes*
89 Tranglam
90 Óid do Mhagairlín
91 An Collóir
92 Sreang Dheilgneach
93 Sliabh na Caillí
94 An Scardán

96 About the Author/Faoin Údar

Acknowledgements

Foilsíodh roinnt dá bhfuil anseo cheana sna hirisí *Comhar*, *Feasta*, *An Ghuth*, *The SHOp: A Magazine of Poetry*.

Many thanks to Pauline Bewick for her wonderful cover, 'Holly Cooking'. www.PaulineBewick.ie

HIDDEN PLACES

EASTER WEEK SUNRISE

Some sliver of light rouses me at dawn,
drawing me to it like a spellbound worm
to the feet of a dancing bird
and I stop dead before a sun so blinding
I shade my eyes from its blaze.

The garden wears a golden fleece,
each path pebble a multi-carat nugget,
each bare twig, each laurel leaf gilded;
I hear voices from other existences,
awed litanies against the morning.

The sun is indeed a god to-day.
I hear the terrible beat of his molten heart,
how he pushes life from hidden seed and bulb
but is unlikely to throw me a lifebelt
used as he is to golden bodies wearing out
like old fabric, skin giving way to creased tissue.

Sheepskins

My mother cured sheepskins.
The whitest, white as the Lamb of God,
draped his pelt along the polished floor
under the light from the bay window;
others, more of a yellow in colour,
cosied up to tiled hearthstones
with a rough look of mountain sheep
despite her shaping and combing.

I couldn't help but see them
hang upside down from the gambrel,
the butcher's knife parting skin from flesh
right down to tail and knobbly legs,
ready to be pegged in coolness
on the inside panels of our garage door,
their pelts tawed with salt and alum,
scraped and buffed to an inner skin.

That was before they went out of fashion
and my mother shaved them
to stuff the ruched satin quilt covers
she had learned to make.
Now, I remember something comforting
in drawing their warmth around me,
her hands on the Singer sewing machine,
the feed of smooth cloth for ruffling.

INSOMNIA

The rooms of my mind are poorly lit,
their ceilings droop. I never see the walls.
Tawny owls feather windows
where a white bone of moon
ravels a knitted cat's face,
probes the void of a dislimbed doll,
the fly-filled sockets of her eyes.

At times, disquieted by the way
the rooms doorstep me, numb the space
between me and them, refuse point-blank
to let me rake or fan to flame
the embers in their grates,
I think of their power, each with its secrets,
indistinct voices beyond ciphering,
fragments of song that will not quieten.

Here I have become a stranger
voiceless as a moulting rose finch
to rooms encoded without warning.
Garden rooms, where canaries once sang
among pots of moth orchids,
emerge now from honeycombed shadows
peopled with those I have known and loved
whose eyes will not meet mine.

It is day. Or so it would appear
from the ribbon of light on my mind's edge
that the rooms prefer to ignore
as they hang raw memories before me
like a Monday wash corpsed in frost,
until one by one, door by door,
I hear the rooms bang shut.
Sleep now, they mock me. *Sleep.*

GRIEVING

Empty armed, the baby stillborn,
she wore her pain like a caul,
and they avoided her grief,
crossed streets, darted into shops
when they saw her coming.

They weren't ready to look
at grief unwrapped; the way
sadness brimmed in her cells,
hot and dripping like candles
that outpaced their burning.

She needed the comfort of words
they didn't know or had forgotten,
wanted them to grieve with her
face to face, speak the baby's name,
shush his crying for her.

Broken bits of conversation
fell in splinters at her feet.
It's all about moving on ...
That's life isn't it? ...
Pulling yourself together ...

Pillowed on blurred photographs,
death sprawled in her,
hummed her tuneless melodies,
refused to budge,
strangely grieving with her.

IN THE OUTHOUSE

I am in a forbidden place,
ears open to things I shouldn't hear,
eyes to things I am too young to see.
Dark figures of men in the outhouse,
the pig squealing; straddled, controlled.
They hammer an iron spike between his eyes,
drive it deep into his head
until the screaming stops.

The summer sky is still the same
over the same concrete yard,
but I wear a stamp of death
and fear freezes me to the spot
like a cat-charmed mouse.
It will tell of my disobedience,
how I stood watching skin slit open,
guts uncoiled, innards drawn.

Later our neighbour visits
with steaks of fresh killed meat
in a brown paper bag
lined with cabbage leaves.
Across the hedge, the young men
kick the blown up pig-bladder
high in the air. It is a golden ball,
a translucent moon in the twilight.

I bend over doubled, hug tight
all the hidden places in myself.

Klimt's Farmhouse

From a distance I can see the house in hiding,
a house held spellbound in its bed between
apple trees. Four windows outstare me, a closed door,
a wash of bluish paint so spectral the picture
might vanish if I blink. Silence enfolds it.
No wind, no flap of wing-beat towards a nest,
no thud of apples to the grass beneath
carpeted with cornflowers, poppies, yellow leaves.

Shadows layer themselves on the pattern of scars
that groove boles stripped of their bark. They crowd
window panes where generations gather refusing to
    leave –
the girl on the landing whose eyes evade mine,
the choked cry of an infant in the night, an old man's
rheumy gaze over fields he will never plough again.
Anymore than I will sit on the bluish seat that was theirs
or tread an unseen path to their closed door.

THE PHEASANTS

Scarlet wattled, chestnut plumaged,
heads of forest green, their long tails trailing,
four cock pheasants strut their splendour
along the snow covered lawn.

Open season on their kind,
this may not be all about sanctuary
from the fractured staccato of gunfire
over the distant wasteland

or the wintriest of winters driving them
to forage with crow and dove beneath our tree
where finches swing on feeders
and scatter to earth the bounteous seed.

Their movements regal, unhurried,
as though they were heavenly messengers,
I watch them map out the pristine snow,
take sightings from prominent points,

Fan out like actors on a stage to find their spots.
I am honoured by their presence,
the clear markings of foot and tail-nib,
the parchment of coded glyphs they leave.

In the end it is all about dark, the way
the shade under the laurels swallows them,
bruised prints leaching, fleeing before the weather,
my own unease at their covert exit.

From the Meltwater

This was no awakening
but a coming-to of sorts.
It was true that he had climbed
the forest path to the ravine
high above the valley,
that hornbeams in yellow flower
dusted him with pollen
where he cooked a meal
of deer meat and barley,
an ear cocked for a snapping twig –
a stalker's give-away.
The death cry that pierced him
was his own; the pain
of the flint shattered bone,
blood gush, the roar in his ears,
and then the blurred path
wandered off without him.

Wind and sun dried his wounds,
ice and snow clamped on secrets
embalming him for an infinity
under a glassy grave-cloth,
the ravine where he fell
a sanctuary from the glacier
that might have ground his bones.

Poor Stone Age man,
stripped to an inner skin
without hair or toenails,
floating out in the meltwater
of our times, clad against cold
in three layers of garments
and boots of bear skin,
we can't let you go.

Can't slay you twice, when tooth,
flesh and gut could tell us more
and we may prod and probe
your freeze dried corpse
for an echo of words
faint as bird scribbles
bled out long ago in old snows.

You are lying on your death bed in a nursing home,
on the brink of what dark void I don't know.
I would wish you floating on a bed of light
over the green landscape that you loved;
wish that like the sage in his ashram retreat
you might dream through the vast nothingness
before time, before matter and awareness
and that the skies you travel are indigo blue.

I note irrelevantly that you could do with a haircut;
it has grown quite long like silver whorls on water.
I hold your blue-tipped fingers beneath the sheet,
study your bruised face knowing you didn't fall
but hadn't the words to tell me what happened.
The discoloration is dark on eye, cheek and mouth.
Years later, I still hear the nurse protest; *I was only
shaving him. You wanted me to shave him, didn't you?*

THE MEETING

I met you on the landing the other night,
your eyes like a seal's eyes soft and mild.
Strange that I should have seen you there
since you hadn't used the stairs in years.
You seemed somewhat confused too
as if not quite recognising me; of course
I must have aged since we last met.

I wanted to put my hand in yours,
guide you as once you guided me,
but I dared not move to help you
for fear you would never let me go.
So I edged into the bedroom doorway
and in the bluish light of the night-light
watched you grope your way past.

THE DARK

Escaping from that first womb-darkness,
pulsating heartbeats, humming blood ways,
you emerge to a cradling sun, become
alive to shadows, misshapen things
that grope your nights, made the more
grotesque by a low watt landing light.

Later, you feel compelled to prise open
old trunks unvisited for years
pushed to corners of halls and bedrooms –
hope chests of mothers and grandmothers
that exude a darkness you could measure
in spoonfuls like the black matter of space.

You see things that sailors claim to see,
human faced, ectopic shapes,
seaweed dark in a wave's upsurge;
phantasms washed down in the shift
of waters to the sea-shelled cairns
where they drag their drowned mortal lovers.

Faces, long gone, surface from the depths
of mirrors; brides wreathed in stephanotis,
wavering husbands who defy exorcism
like that small bird's smudged outline,
the lizard form you still recall
all stifled song, fused with the tarmac.

You stand up to the gills in darkness,
weighed down with pocketfuls of stones,
in the shivering riverbank reeds,
and stare at the water's obsidian arms
that will polish your bones to silver,
your flesh to gold, bind your *lapis lazuli* hair.

THE DEATH PACT

A three-D picture of Christ
stares from an upstairs window
over the suburban estate,
his hand almost a wave,
diaphanous garb streaming out
ready for take-off.

Behind the barricaded front door
four women lie down to die,
starving themselves for God
in a death pact that will cancel
their karma debts, slough off the skin
that hinders their reaching a higher realm.

No neighbour's finger on the door bell
disturbs the spate of hymns and rosaries
they hope will drown the hunger pangs
that will send them, shape changing
from flesh to spirit, and guide them
to the radiance of their Promised Land.

They don't know that death will sit with them
for forty days, watch them write letters
to friends and to each other. *It is so slow.*
Our stomachs are devouring themselves ...
Everything is transient, everything passes
    unlike the higher realm ...
Please do not grieve for us ...

It was the landlord missing his rent
who pushed open the barred door,
staggered through the reek of death,
past buckets brimming with urine,

towards bodies half mummified,
the central heating on full blast,
an ethereal Christ still in flight.

LOVE

His heartache crosses the centuries
beating a path through the verses
he incised in hanging calligraphics
on bands beneath the rim
of the long brass candle-stand.

Love burns like the flame,
but, like moth-wing gets scorched
by flying too close.
I am consumed by love
for the beloved but am jealous
that the flame may burn
for a rival love.

He sees her face mirrored
in the brimming wax
shiver and dissolve
in a sudden draught
from the window.

Now she is a moon behind clouds,
he is impatient for her unveiling.

Words

It was a room of conversation
where a million words flew around me,
hovered like moths under the fringed lamps,
broke into scrabble-pieces that fell
on cushion-covers embroidered with flowers
where my fingers stalked an undergrowth
of french knots and lazy-daisy chains
ready to swoop on them.

Words inhabited by invisible things
that knew no boundaries,
took on bogeymen shapes that shivered
between teacup and saucer, forming
and reforming to camouflage meaning
until shaped and shaved and hardened
the words threw off their disguise
and stood their ground.

In the room of conversation,
the grown-ups began to spell, leaving me
letter by letter word-gathering, as you would
sheep's wool snagged on barbed wire,
until my mind filled with the terror of orphans
snatched away and locked in Birds' Nests,
girls sold into white slavery in Leeson Street,
the murderer who sold his victims' livers
in neat cuts from his butcher's shop.

Unseen beaks cornered me long after the guests
had gone with their whispered half-sentences,
their cut and run words;
while panic bedded down with me
muffling my sobs until my mother

plucked shapes from the air,
inscribed with her finger on my forehead
the letters that banished fear.

BEYOND THE WALL

A long-ago Christmas Day,
walking off our turkey dinner
along the Western Road from town,
I saw a woman's head,
wild-eyed and grey-haired,
emerge above the massive wall
of the lunatic asylum.

My skin crawled with fear
before a face distorted
for she belonged to shadows
and half glimpsed things,
to grey clothes, dark corridors,
the scream from the padded cell,
things families didn't want to know.

Like Dolly, my mother's friend
in her poppy spattered frock,
locked away after the whispered
'change of life' when her sisters
took over the house in Bray
she had bought for her retirement
and never mentioned her name again.

Don't look, don't stare, my father said
and we passed in silence.

She was there on our way back
her features dissolving
in a tatter of flyaway hair.
I know now that could I have read
her eyes, they were scanning the road
for the husband, the brother, the son
who would never come to bring her home.

SORROW

I saw you this morning,
sunlight playing on your face,
your features unchanged
since I had seen you last
but patterned with sorrow now

and people I didn't know
moved around you tentatively,
those who knew what to do,
what to say in the face of death,
those who hung back in silence,

and then it was done; the bouquets
of flowers carried from the hearse,
prayers droned for everlasting life,
his coffin lowered on the coffin
of his long-dead wife.

Later, the funeral breakfast over,
I saw you walk with your husband
along roads you knew so well,
your face untroubled, the same
as any out for a Sunday walk.

QUEEN MEDBH OF CONNACHT

Now that stones pillow the sun,
we wonder why the stir in the cattle field,
the crow's raucous warning from the grove,
the way sedge and panic grass shivers
as though sensing menace in the day.

Theirs is a tenuous hold on this land
with Medbh on the warpath again,
streaming hair, a meteor shower
dazzling the soldiery; chariot
a thunderbolt around the camp,
her cloak of purple and crimson
leaches through the centuries.

Boar hunting, cattle raiding, warring,
she impales the heads of her enemies
on withes that sway like grisly flowers
in the winds around Cruachan;
her bladder's torrent channels river beds.

Otherworld cattle drift towards her
from glittering passages in the earth
to swell her milk-abounding flocks;
great bulls gore and rend each other
that her riches may rival her husband's.
They bloody these plains with their vitals
until their hearts burst in death.

Today the land is full of her;
every bush shakes to her lovemaking,
river currents eddy around her cavortings;
wheedling, sweet talking, she pulsates
the atrophied space between her and us.

No moon ever ruled her, no husbands,
nor the plethora of lovers
who knew the friendship of her thighs.
Nor can stone-piled cairn deter her
as she endlessly paces out her kingdom
deaf to the mobile phone-bleeps and ring tones
of tourists who bear stones to her grave.

THE HUNT

Moon after moon has passed,
tide has followed tide,
and again the young deer runs
across land with no memory of her.

Noonday, and the sun coaxes colour
from the wan paths of her pursuit,
the lacework of years that threw the hunt
off course, her cave-home long unseen.

Now, we turn to a hurry of hooves
striking the tarmac between plastic tables
where we stop for tea at the garden show.
Oh, look, look at the deer! we say.

No hounds bay, we sense no threat,
but, as in a spell she is swallowed
in a shiver on the barley field
that flanks the distant wood.

She knows by heart the pattern of paths,
the start of sunlight on the clearings,
the windings of that ancient cave
where she enchanted the chase,
the hidden places we will never reach.

I have never lusted after golden apples
from the Hesperides, Tesco or elsewhere,
nor the juiciest black Muscat grapes
from a wayside stall in Provence,
for apples are too redolent of lost Edens
and the grapes a covenant with heaven;
nor do I want to be diverted with passion fruit,
quince, papaya, or pomegranate.
I desire the berries of the quicken tree
that flames in the centre of Dubhros wood.

So, I am sending you on the road to legend
where you will put your life in danger,
where no stars will guide you but fall
and splinter like glass distaffs at your feet;
where you will dally with distractions,
forget all I have told you, as heroes do,
until a convoy of crows dawn-raids the tree
and you will bring me the flame-red berries of life.
O, how I will gorge on their healing juices,
suck their gorse-yellow hearts.

THE OTHER HOUSE

A few fields down from the house
the river droned thinly past our youth,
the three of us stretched on its banks
trailing short arms through the shallows
to the cache of jewelled coloured stones
that teased us from the river-bed.

Then face to face with the water,
we drew our treasure up and laid it out
in dripping rows of purple, green, and red;
kings in our counting houses, we counted
until the sun dried the light in the stones
and we magicked it back in the river.

Wrapped in make-belief, we never felt
a tension in those days, never saw the shadow
cast by the building downstream that housed
the nameless orphans who worked the fields,
nor did the muffled screams from their beatings
make a ripple on the meadows where we played.

DANDELIONS

Pis-en-lit, lion's tooth, *caisearbhán*,
blow-ball, cankerwort, shepherd's clock,
there is no escape from the scapes and scales of them,
their shining heads, their stalks of bitter milk,
peduncles of yellow corollas outstare the sun
that wakes them at dawn, closes them at dusk.

They sink taproots in proud lawns and wastelands,
wedge themselves in un-get-at-able clefts
to challenge the gardener's forbearance,
all the time breeding with wayward abandon,
sexually here, asexually there;
flower heads face the sky and the ripe seed waits.

It might be a boot stumbling through grass,
a child's cheekful of breath blowing the clock
that scatters to the winds the flyaway seeds
secured to the silky parachutes that will bear them
like exiles along new trails to claim fresh ground,
the spaces that will swell them to bud and leaf.

See how they home in on every aperture,
stowaway in cars, hitch lifts in lorries and boats
and like a group of giddy children, ride the air currents
up and down carriages on the Waterford-Dublin train.
They are the scourge of my life a passenger proclaims,
I set a match to every clock in the garden!

He has never thought that a few fields away,
when April comes they lie down with dragons
breathing fields of bloom to yellow flame
and the charred slayer smarts with bitter milk.

METEORA

Where rock columns of brown sandstone
wind and rain-sculpted, tower to splice the sky,
hermit men and women, as though seduced
by some heavenly Siren song,
left their shadows on the plain
and face to rock-face, finger and toe
groping cleft and crevice, climbed upwards,
to the roost of honey buzzard and grey kite –
the habitat of the starved soul.

Shades on the contours and I am seeing
the stumble of those unnerved by the cliff-face,
plummeting like spent beetles to their death;
others shoving onwards towards the pinnacles
through summer's heat and winter's hail,
find stern prayer nests in caves and cut-outs
where Saint Athanasius already so close to God
flew up on the back of a great eagle
to found his monastery on the rock.

Décolletage and bare legs modestly covered,
here we are in the lemony light of morning
delivered by tour-bus up a zigzag path
to the electric gates that guard a monastery;
no devotees of Saint Barbara, hell bent
on making atonement for the bedevilled flesh
by fast and prayer at shrines of the holy relics,
we'll gawp instead at the bony finger of Saint John
the burnished skull of Blessed Charalambos.

Out of the blue, the gates open to a stretch limo
sleek as a silver wolf speeding out;
I see through tinted windows a huddle of nuns
white-faced, their eyes behind shades fixed on the road.

Sense how silence has jelled in them
how they flee like grouse before game-shoot beaters,
and the volleys of the firing party they herald,
how heedless they are of the rock shadows
that tongue them on each blind turn downward.

IN SAINT DOMINIC'S CHURCH, LIMA

No will-o'-the-wisp the unwavering light
that entices us in from the pavement;
electric green, at variance with the place
we walk towards it to a crucified Christ
abandoned by the devout for one of their own.

Vigil lights in the Lady Chapel burn like a fever
with the needs and prayers of the suppliants
at the altar where Saint Rose of Lima is revered,
her small skull long separated from her body
shining from a glass-fronted tabernacle.

And I can only think of a girl of such beauty
she couldn't deal with it; who cut off her hair;
who disfigured her face with pepper and lye,
maimed her body to deter would-be suitors,
starved herself to ecstasy for a Divine lover;

A girl whose parents shadow this candlelight
failing to understand the nightmare of it all –
a daughter whose skull wears a crown of roses.

THE SIN EATER

It was night when they sent for her; outcast.
Usurper of priests and their anointing oils,
death, her password to the closed door
she came in haste to the dead man.

Family and neighbours between tall candles
made way at her coming. His wife placed
a cut of bread on the breast of the corpse,
passed a bowl of milk across it to her.

And they listened to the incantations
that pawned her soul for the easement bread
which would give him rest from wandering
their barns, their meadows and lanes.

And taking the bread from his breast,
she ate it and drank from the milk bowl
leaving his soul pure as lark-song
while hers waded in the bog of his sins.

She knew she would scarcely have left
when they would start removing the taint of her
burning or smashing what she had touched,
scouring the floorboards her feet had walked.

THE APPRENTICES

Behind mullioned windows
we prime canvasses with glue,
make brushes from the bristles
of badger, ermine and cat.
As for the paint-lode,
it is like panning for gold,
grinding, sifting, washing stone,
azurite, cinnabar, *lapis lazuli*
from the mines of Badakshan,
green malachite from the Urals,
hematite so hard, we pound free
its fierce purple in bronze mortars.

It is risky work too, grinding to powder
minerals of arsenic, realgar and orpiment
to release the pure red and yellow orange
that befits the glory of Christ's garments;
the paint coaxed to a constant flow
with oils of linseed, spike and lavender,
we store in pig's bladders suspended
like fat pupae in waiting.

The Master breathes life into our paint,
spreads it on canvas, layering, working it
into dark folds of cloth. We study
how he fleshes out his mistress' face,
erases the glint in her beautiful eyes,
the curve of her knowing lips and we witness
the features of the holy Madonna emerge
luminous above robes of ultramarine.

Day after day, we practice our painting,
play with light and colour, create
gothic spires against a thousand skies.

I grow impatient to be the one chosen to fill
those empty spaces on the master's canvas
for I have honed my skills to his,
our work twinned like orienting crystals.
I have ground red stone to purple, and the more
I ground the more perfect it became.
Now I fear he will name another less sure
of taking over his well-sketched paths.

I know I may be teetering on the ledge
of my undoing for he would be blind
not to notice how his mistress eyes me,
how she admires my ambition to best him.
Outside, the gondoliers call to one another.
A song unfurls along the canal.
Steps on the stairs clinch my imaginings.
The master and my rival stand in the doorway.

VOICES

I hear them call to one another,
drift towards me like thistledown at evening,
all those spent voices fallen on deaf ears
drop like whispers to the long grass
where I trample them underfoot
as I would the chininous shells of insects.

Sometimes I stumble on ghost voices
trapped in stone but still sounding
from grooves of flint and jasper.
Frosty days, I watch their words gather as mist
between the double glaze of windows and trace
with a cold finger their triumph on the pane.

Now, your voice like flung spray, is thrown back
by the years from the childhood shore where you play,
the calls of shawled women from the market in your ears,
fresh mackerel, fresh herring, fresh sole and plaice.
Fish baskets balanced on their heads cup a summer wind
their voices ring for you still above the scream of gulls.

THE OLD DEARS

I recall them on Friday afternoons
lined up before the salon mirrors
waiting for the hairdresser to roll
their thin locks on plastic rollers
of sugar-pink, green and baby-blue
and they talked of sons in Boston,
bingo, the diocesan trip to Lourdes.

She bound their heads in nets, timed
the driers. *I'll do you now*, she'd say to me,
before I comb out the old dears.

Wedding rings embedded on fingers,
skin loose on chin and neck,
the old dears shouted to one another
above the noise of the driers,
swapped magazines, read horoscopes,
gave one another advice, missed their fags,
whined on and on about the smoking ban.

Once they had Rapunzel hair
but princes being thin on the ground,
they went modern and cut it,
and like a selkie's cast-off skin,
coiled its length with their girlhood
wrapped in tissue paper at the back
of a seldom opened drawer.

I scarcely noticed time outsprint us,
how like thrushes and redwings
the old dears fled before the weather.

These days the salon cuts a dash
in dove grey paint and swivelled chrome

where the sultry-eyed young pout,
sizing us up from vantage points
in outsize posters of shining hair.

Replacement windows leak a cruel sun
where we line up as once the old dears did.
I refuse to meet my mirrored eyes.

In the Archaeological Museum, Athens

I am alone in a lime-white gallery
beneath a high-domed ceiling
where a hundred heads line up
carved in Parian and Pentelic marbles
spiked mid-neck to narrow display stands.

Fragments of men, marble torso and limb
long crushed to earth, the coloured discs
that once marked the eye dislodged,
I study each grandly styled beard,
hair tonged to curls around stony faces.

I whisper to ears that heard the voice of Zeus
rustling in leaves of his oak grove;
faces that oversaw workers in their vineyards,
their gardens of olive, pomegranate and fig,
and I dance to their music on tambourine and flute.

I see this man walk with his children
through meadows of violets to fish the river
or tell them stories of heroes and local wars
in a courtyard where fountains spout and splash
and overhanging apples wax like moons.

From the door, I commit the scene to memory.
Gleam of white on whiteness; these honoured heads
severed from their times; the rank of those they embody
spot-lit on this stage, but for all their consequence
they cannot claim a name amongst them.

PURSUED

It is whispered that our people are being hounded,
that the devil's henchmen stalk the land
wearing the trusted faces of friends and neighbours.
It is said that they are hard to spot,
that their geniality and smiles never slip.

Overnight, we jump to a tap on the windowpane,
the creak of floor boards somewhere in the mind.
Vigilante helicopters provoke like persistent wasps,
a swoop of search lights crossing and re-crossing;
Somebody is playing a cello through it all.

Now, the young leaves sprout again from nodes
which bind them to trees that hold our records;
each brooding bird that lands on branches
wears a violet aura like a Lenten shroud.
How can we leave what has been ours forever?

The odds are against us. The borders are guarded,
our God partisan. We will move like cats and foxes,
steal through the shadows of side-streets and alleys
to the cover of the trackless forest,
the plangent howl at its core that leaves no echo.

Cat voices lap the wall,
drift upwards to the gap
beneath the garage rafters,
a cobwebby space where a swallow
and her mate put the finishing touches
to the mud and straw-layered nest
lined with down from her breast
where she will lay her young.

Eggs warm under the brood patch,
the small yolks pulsing,
the tingle of wings unformed
and those wings an open story book
of fleeing girls changed to swallows,
the dying boy bird-borne away
high over the mermaid's song
to winter roosts south of the great desert,
the cries of the jinn in the night;
the small yolks pulsing.

Now the hatchlings' speckled shells fly
before a wind that like the hero's bowstring
forever trills with swallow song;
now days vibrate with jack hammers
and concrete crushers pulverising
the derelict factory, muting the begging calls
of chicks; distracting us from that first flight,
a wing test from nest to telephone wires
where the young birds sway like raindrops
over the long shadows of cats.

The brood fledged and fattened,
it is all about flight; turning, banking,
building the pinion's strength, the tireless wings

that will find their bearings by moon and stars
along the flight-path sketched on each mind
like an unfolded treasure map
enticing them to journey's end.

Tonight great flocks gather like bees
that sense death and leave their hive.
Wing to wing, bird by bird, they take off
in the darkness to an immensity of sky –
our garage swallows gone from the dead summer,
the last midge feast; the nest abandoned,
a lodging house for wintering wrens.

You can hardly turn your back these days
but things have changed leaving you bemused;
familiar landmarks and people gone to earth,
the iron steps up to the high diving board
from which you once dived like a tern to the sea
now rusted and gone to landfill.

You think of the students that came and went
past your door, some sitting on the window-sill,
darkening the lace-curtained front room; how you
eavesdropped on their high jinks, their secrets
and never could hush the words of their songs
that shine like raindrops on the street for you still.

O how the heart suffers these new arctic winters
these sunless summers of disaster and exile!
You find consonance with a wasp's nest in a hedge
between gardens, its brood cells ripped out
by a marauding badger, the queen and court long flown.
Time for vigilance gone, the worker wasps at their posts
watch over a nursery that houses no young.

53

Fuiseog na Spéire

Nach méanar dúinn bheith anseo ar sé
ag éisteacht le gliondar fuiseoige
ag canadh i bhfíorghlinnte an aeir
na nótaí ceoil ag titim le meidhréis
ceann ar cheann inár dtimpeall,
Lug na Coille is gualainn an Chéadaoin
ag bagairt a gcinn faoi neasacht dúinn
is tusa le hais liom.

Is smaoiním ar neamheaglacht an éinín
mar lánstad bídeach ag poncadh na spéire,
chomh scaoilte ina scol amhráin
gur cuma leis seal a nead ceilte san fhéar
nó néal mo bhuartha ag caitheamh scáile air
is mé ag samhlú theacht an innealra,
sladmharfóirí a bhainfidh in aon turas
idir nead, éan is barra le chéile.

Gríosach ár dtinte buachana
múchta faoi chois fadó caite siar
i smior is smúsach na tíre seo –
brúchtann siad amach arís, ag séideadh
thar do bhealach, ar foluain
i néalta dubha os na cnoic choirneacha,
ag moilliú san achar ciúin idir canadh na n-éan
ó gharráin chaorthainn, choill is iúir.

Níor fhágamar riamh na gleannta seo
mar ar dheineamar iniúchadh tráth ar spéartha reatha,
mar ar mhíníomar grág an fhiaigh dhuibh is na baidhbhe
mar ar luíomar ar leapacha de chleitheanna coisricthe
d'fhonn fáistine níos fíre a dhéanamh ar ár ndomhan.
is linne an chantaireacht a airíonn tú anois
san aer ag dul i dtiús is ag casadh go stoirm.
is linne Cúr Chlaoin-Ó ina chrann iúir
é pulctha le feoil a chreiche.

AN BHÁISTEACH

Tá sé ag cur báistí i *Dubrovnik*,
ina dhíle bháistí ar an daingean,
ar na bábhúin, na rampair, na ballaí,
ar an dealbh bheag de Naomh *Blaise*
ina chuas os cionn na háirse isteach;
báisteach ag cur foirc is sceana
in uiscí scardáin *Onofri*,
a ritheann anuas na díonta i silteáin
idir na tíleanna feadánacha, ag bá seangán
i lintéir na leacán loig is a ghreamaíonn
bláthanna na gcrann pomagránaite
ar nós céirín rua ar na cosáin.

Fairim air i srúill luaineach
taobh amuigh den ósta
ag tabhairt sitheadh síos an seasca céim
chun na sráideanna ag an mbun;
mar ar snámhann sé thar mhacallaí
is taibhsí léigir 1991 i *Dubrovnik*,
thar throstal saighdiúirí is fuil na laochra,
thar bhriathra an fhile *Milan Milisic*
a maraíodh ina chistin féin,
thar shúile dorcha na n-easpaí
a stánann amach ar thurasóirí
ó ghrianghraif i Halla na Cathrach.

Sámhnas sa tsíonbháisteach faoi dheireadh,
na fáinleoga ag déanamh spraoi,
ag saighdiú síos suas na sráideanna cúnga,
ag scinneadh thar chinn na bhfámairí;
lonraíonn anamacha páistí marbha,
– scaipeadh is fán orthu ón uaigh –
as súile na n-éan a iompraíonn iad
ina mbeatha neamhshaolta go hard

os cionn dín is rampair, clogáis is túirín
ungtha ag an mbáisteach,
go dtiteann a nglórtha mar uige shíoda
anuas go scáileanna talaimh.

Bothán ar thaobh an bhóithrín
iata, dorcha ar imeall m'óige,
fuinneog ar chlé, cláracha á dúnadh,
m'aghaidh sé bliana leata agam
ar ghloine na fuinneoige eile
ag breathnú ar spóirseach bhreá thine
ina caor sa dorchacht istigh

ansin an doras ag oscailt de sciotán,
seanbhean ina scamall dubh
ag teacht de ruathar faoi mo dhéin
gur thugas mo bhonnaí liom
ó mhallachtaí is sceana a teanga
sula slogfadh an talamh mé
go mbeinn faoina scim dhraíochta.

Chonac an fhoraois i gcaonach a súl,
cosáin chonaire na coille ina rachfá ar fán
i gcraiceann casta a haghaidhe;
ba í uaill chaointe an mhic tíre sa sneachta,
ba í an lámh ag tairiscint úll nimhe,
an scáil os cionn an chliabháin,
an leasmháthair gan lé gan trócaire
a d'athródh id iarlais thú.
ba í an tseanchailleach, a haigne de shíor luite
ar pháiste rósta ina corcán sa ghríosach.

AN COLÚR

Ó iar lae go lán lae
lán lae go tráthnóna
colúr ar leac fuinneoige
ag cnagadh ar an ngloine;
liathchorcra a bhrollach,
i leith bhándeirge is oráiste a ghoib,
ar nós cúirteora roimh bhanríon
spréann sé eireaball amach go feanúil,
é ag umhlú go talamh romham.

Níl sé ag breathnú ortsa, a deir tú,
tá sé ag umhlú don lacha ar an leac laistigh.
Breathnaím ar mo phláta bán poircealláin –
ceann lachan ag éirí aníos
ar mhuineál dea-chuartha –
a cheannaíos i ndúiche *foie gras* na Fraince.

Ach ní raibh a aird ar an lacha gheal.
ach é ag umhlú don cholúr ba ríoga
dá bhfaca sé riamh;
liathchorcra a bhrollach,
i leith bhándeirge is oráiste a ghoib –
a scáil féin i bpána fuinneoige.

Meán lae, siúlaim thar dhealbh mná,
an marmar lachtach tréshoilseach
frithchaite mar sholas ópalach ina timpeall,
fiala bána á deasú ó ghualainn go glún
ar snámh ar chuile leoithne gaoithe.

Breathnaím ar an ngnúis mhaorga,
na ceannaithe dochorraithe, na súile
nach bhfeiceann cleitearnach na gcolúr,
nach mothaíonn iad ar an seastán faoina cosa
ag priocadh is ag giobadh ar a chéile.

An íomhá Ataene í
a d'fhás crann olóige ón ithir seo
san áit inar sháigh sí a sleá?
nó an bean de na mná úd í
a chuir baracáid orthu féin sa Pháirtenon?

Is a tharraing siar ó chaidreamh collaí
is compoird bhaile mar agóid in éadan
a gcéilí fir, nach mbíodh ina gcluasa de shíor
ach drumaí cogaíochta á mealladh i gcéin;
a mná torrach, a bpáistí óga fágtha ina ndiaidh.

Tráthnóna, ag filleadh dom ón Acrapail,
chím seastán folamh, an dealbh ina suí,
ag baint searradh as a guaillí chois ráillí faiche,
a fiala bána mar chúr ag eitilt ina timpeall;
ní fheicim a haghaidh, ná a muinéal lúbtha.

Ach anois is eol dom gur eala í ag snámh síos cora,
a ceann faoina heite aici, ar chuma na heala úd

ar chora Chlais Gainimh ar abhainn na Bearú
i loinnir shamhraidh eile sular thosnaigh
na buachaillí ag gabháil de chlocha uirthi.

TOIRCHEAS

Ní aíocht oíche nó dhó a lorgaís,
is faide ar fad a lonnaís ionam.
Tháinis aniar aduaidh orm
go rabhas teanntaithe agat.
ghabhais seilbh ar mo shaol.
Aduain liom mo chorp a roinnt
go fiú le mo leanbhán féin.

Bhí a fhios agat go mba leatsa
na huiscí dorcha inar bhogais
mar ghilidín i sruthlinn,
go mba leatsa ó cheart an gabhdán
inar tháinig bíogadh is borradh ort.
D'osclaís mar bhacán bán ionam
is dhallraigh do láithreacht mé.

Sheasas i bhFaiche Stiofáin leat
lá amháin roimh do bhreith,
chrobh-bhlátha crann laburnam
ag casadh rilleadh órga anuas orainn
go rabhamar fillte i bhfillteán síoda,
cuachta suas in aghaidh an tsaoil
is níor thuigeas an lúb istigh agam ionat.

Tú saolta, luasc mo mhothúcháin
go luaineach ó ard go híseal
mar thaoide ag líonadh is ag caolú.
Níor chuireas iontas do bheithe díom riamh.

An Mháthair

Níl a fhios agam cén fáth gur dheineas dochar don
     leanbán,
cén fáth gur sheas mé i leataobh, mo shúile iata
ar mo chéile ag déanamh léiricín de in éadan an bhalla.
Bhí a sháith gnaoi ag an bpáiste, lena ghruaig chasta
     fhionn
na súile móra gorma, nár bhog mo chroí
ach a thiomáin mé, ar bhealach nár thuigeas, chun a
     ghortaithe.

Smearas brúnna gorma ar a chraiceann le seacláid
d'fhonn nach dtabharfadh an dochtúir faoi deara
loirg mo bhordála ar a leicne is lámha.
'Tagann rachtanna scréacháin air go minic', arsa mise,
ba bheag nár chualas osnaíl an dochtúra –
máthair eile le leanbh cantalach!

Níor aithin sé an droim briste, na heasnacha scealptha,
bíonn máthair caoin ceanúil; ní dhéanfadh sí dochar
dá leanbh is d'fheoil a feola féin.
d'fháisceas é go grách le mo chroí.
chonacas an scanradh ina haghaidhín bán,
mhothaíos freangaí a thinnis faoi mo mhéara.

Théis a bháis, ag breathnú dom ar a chliabhán folamh,
ar an bpéint fhuilsmeartha, salachar na n-éadaí leapa
nach raibh nite agam, chonac arís é
ag iarraidh Gíoc! a imirt liom tríd na barraí adhmaid,
is chuimhníos ar na barraí eile a dhúnfadh
mise is mo chéile i mbraighdeanas.

LEANBH FAOI AIRM

Marbhshúileach, aghaidh smeartha
faoi bhréagriocht na nduilleog
a thumann óna *bhandana*,
bíobha báis é gach neach saolta
ag teacht sa bhealach air
go nochtann sé nós driad
as droibhéil coille is diamhra an tsléibhe
ar a aistear ó chath go cath,
ó champa go campa díslogtha.

Cé nach bhfuil sé folaithe, ní fheictear é.
D'fhéadfadh sé bheith mar scáil ar thalamh
ar a gcéimníonn sé go seolta,
ina ratán pailme giobalach
sleabhctha i gcalm téigle um nóin
théis ionradh diúrachta ón spéir,
ina mhionluascadh ar an ngort coirce;
ina mhonabhar sa mhuiríneach le hais na feorann.

Éalaíonn sé mar thaibhse síos scabhait na mbailte,
beag beann ar chíréibeacha, hulam halam
is gleadhradh na sluaite ag imeacht chun scaoill,
gloine pléasctha ina ceathanna tharstu,
foirgintí curtha trí thine aige
in aon deargchaor ina dhiaidh.

De shíor i bhfoimhdin, a chorp ar tinneall,
luífidh sé síos anocht in áit aistreánach
faoi chnámh bhán na gealaí, na laethe
mar ghranáidí láimhe ina nguairneáin thairis
is ina chodladh corrach trasnóidh sé
loig mhianach na hoíche ar thóir

A phobail dhíscithe féin is na cré bolgtha
faoina luíonn a mháthair,
a dheirféar óig i leaba an cheannasaí.

Manuela

Ba é an bás an chloch ba lú ar do phaidrín
an tráthnóna Fómhair úd i nGaillimh
is tú ag gabháil an aicearra, talamh uaigneach
gan saothrú ar chlaífort an iarnróid,
chun bualadh le do chairde sa *King's Head*

bhraithis nach rabhais i do choimhthíoch
nuathagtha go dtí an tír shíochánta seo,
go rabhais ar do shuaimhneas leat féin,
d'fhón póca i do láimh, ceamara i do mhála
is tú ag damhsa leat sa choineascar.

Ní rabhais ar do chosaint ach ag éisteacht
leis na héin mhara ag glaoch in aduantas na spéire
nuair a tháinig sé d'fhoighdeán ort
le barróg mhuiníl ó laistiar, gur fhág tú
éagnaithe, básaithe measc fhiailí na conaire,

do thuismitheoirí ina gcodladh i gcéin,
an saol Fódlach beag beann ar do threascairt
tú caite ar leataobh mar áilleagán briste,
do chóta spréite thar do nochtacht is d'aghaidh
mar bhláth faoi loinnir na gealaí.

Ag tabhairt cor na crothóige don saol,
thug sí na spéartha uirthi féin,
í ag baint fúithi i mbosca gloine
i measc boscaí thar chuntas
a d'éirigh thar dhroim a chéile
sraith i ndiaidh sraithe go glinnte an aeir.

Ansin, léaspáin ina súile,
d'fhaireadh sí ar cheathanna dreigí
ag déanamh scléipe ina timpeall,
gealacha ag teacht chun cinn, ag dul ar gcúl;
ceo na maidine mar fhial teampaill
tarraingthe trasna na gloine.

Oícheanta ag ól *Chablis* is ag ithe *sushi*
ina cistin chruach-dhomheirgthe,
nó sínte ar chúiste ar a craodó
ag téadaireacht go caoinbhinn,
chloiseadh sí fuaim 'nós fhoghar na mbeach
nó seothó na gaoithe lasmuigh

a chuir a muintir i gcuimhne di –
daoine cothroma tíre a raibh cónaí orthu
i dteachín idir dhá thuilemhá,
an turlach ina chlár oighre sa gheimhreadh,
na héisc faoin oighear ag stánadh amach
ag feitheamh ar ghaoth choscartha.

Amanna agus í féin ag stánadh amach
óna nead ghloine sna gaotha
maith ab eol di nach sáródh sí lá amháin
lena gaolta arís i marbhchiúnas a mbranar,
gan a saolta, a dteangacha reoite,
a ngealacha is a réalta báite a thuiscint.

Thit tú id chodladh (nó níos cruinne, i dtámhnéal)
ag sméarthacht do bhealaigh trí fhoraois shreangach
ar chosán greannach an bháis.
arbh é maidin inniu a chualas go raibh tú
chóir a bheith marbh; úrionsaí gan choinne ort
ón ailse a shíleamar a bheith smachtaithe?

Doiligh é a shamhlú, an sámhán deireanach ort
in ospidéal faoi chúram maolaitheach.
i gcaitheamh an lae seo bhí tú chomh ligthe lúfar dom
ar chuma éisc órga ag tumadh is ag éirí,
ag glaoch orm de ghuth smúitiúil ó na toitíní
ag glacadh seilbhe ar mo chuimhní:

an bhainis sin i mbóthar *Haddington*. Ag stealladh báistí.
tusa id hata rua, pramsa rósanna ag bíogadh as.
Ansan i do shíolaitheoir madraí Piréineacha,
iad chomh mór le hasail, sular fhág tú do chéile
gur bhailigh leat ar aer an tsaoil i do rácadóir airgid
ag boird chearrbhachais Londain

ar do shiúlta arís, céile nua led ais,
buailim leat, muirear do dhá lámh leat
de phlandaí, bleibíní, trealamh garraíodóra.
Ait tú a fheiscint in aduaine na tuaithe,
ar do thriail ar stáitse nach bhfeileann duit,
buidéal gin do chuideachta, do chéile sa phub

airím go bfuilim ag siúl ar urlár gloine,
léarscáil do bheatha leagtha amach fúm,
seansuirígh, seansráideanna, seantithe,
is go tobann chím thusa ag teacht im threo
miongháire ar do bhéal, ag sméideadh súl orm,
muirear do dhá lámh leat anois de thorthaí na haithne.

D'fhás an seiceamar róghasta,
an stoc crainn ag méadú ar a dhúbailt,
ag fo-roinnt arís is arís eile
go raibh na fuinneoga báite i nduilleoga,
muintir an tí bodhraithe ag scréachadh
na gcolúr ag cúpláil sna craobhacha.

Inniu tá téadracha ag luascadh ón gcrann,
á chiorclú mar chrann Bealtaine,
lucht a leagtha ar chrampóin ag dreapadh,
ag breith ar na géagacha le téad rothaigh,
min sáibh ag titim i gceathanna óna dtoirisc
go luascann chuile chraobh amhail a crochta
sula dtarraingítear go talamh í

an t-inneall stollta ciúin faoi dheireadh,
bloc ar bhloc ardaíonn cual adhmaid
san áit inar chaith an crann a shaol
is laistiar d'fhuinneoga an tí
scaipeann solas marbh ó na seomraí
go dtuirlingíonn ar chaonach liath
faoi bhinn seanpháipéir bhalla.

Anois, nuasholas ag breith barróige orainn
a chuireann le himní muid,
slíocaimid ár gcraiceann, ár gcnámha tanaí
ag iarraidh muid a bheith ar ár suaimhneas
ach ní féidir éalú ó chaitheamh is cuimilt ár gcorp
caite i chuile scáthán, ná ó na céadta súil
sa chual adhmaid ag faire an tí.

'Nár mhéanar bheith cosúil leat',
arsa an fhoraois
    leis an abhainn ghlafarnach.
'de shíor ag taisteal,
    de shíor ag fámaireacht;
ag scuabadh leat go fearannchríoch
    ghlan na farraige,
ríocht an uisce;
uisce,
spiorad fuinniúil ainmhianach,
    na beatha,
turcaid leachtach solais
de shíor á shníomh ...

'Ach céard tá ionamsa?
níl ionam ach príosúnach,
    i gcuibhreann na talún,
tostach, téim in aois,
is mé sean, seargaím is básaím.
sar i bhfad
    ní bheidh fágtha díom
ach dornán luaithrigh'.

'A fhoraois, ag suanaíocht
    idir chodladh is dúiseacht',
arsa an abhainn,
'nár mhéanar bheith cosúil leat,
ag baint aoibhnis as aduantas
    na hiathghlaise beo
faoi loinnir na gealaí
agus tú id scáthán
    ar áilleacht an Earraigh;
tearmann rúnda do leannáin.

'Athnuachan i ndán duitse
   chuile bhliain;
mo bheo féin ag éalú uaim
   feadh na faide;
ag rith, rith, rith,
   go meascán mearaí;
cén tairbhe dom
an t-aistear uilig seo gan chiall?
mé de shíoraí mar nach bhfuil
   suí forais ná clúid sonais dom!

'Ní thig le neach bheith eolach
   ar a n-airíonn neach eile;
'cé a chuireann suntas dá laghad
   i nduine ag dul thar bráid
cé a cheistíonn arbh ann dó i ndáiríre
nó'n scáil a bhí ann?'

Anois tagann fámaire, ag fálróid
   go fánach faoin scáth
chun a cheistithe féin:
'cé mé? Abhainn? Foraois?
nó'n dís?
abhainn is foraois?
abhainn is foraois!'

Leagan Gaeilge de dhán le Zhalah Esfahani

I scáthán an Chreidimh
    geal anois, dorcha arís,
nach tarchéimniúil é íomhá
    ár nÁilleachta, na Fírinne,
    i ndamhsa an Ghrá aici!
A Mheabhrú léirthuisceanach
dein priosma solais díom
    i lár na scáileanna;
dein mionrabh dem mhianach
    leáigh mé
    is múnlaigh
    cuach chriostail asam
go líonfainn go béal
    le fíon glan na múscailte
ar theacht dom as ceo draíochta
    is mearú mealltach súl

Is maidhm sléibhe marfach í
ag scuabadh léi le fána leis
ár dtarraingt i dtreo an anró;
is fós d'fhéadfá ceapadh
    nach bhfuil ann ach samhlaíocht!

Eitlíonn an duine níos airde is níos airde
thar chrioslach na firmiminte
agus mise,
    bíodh go bhfuilim im shuí i gcúinne dorcha
táim ciaptha ag cíocras
chun eitilte os cionn is taobh thall d'achan léaslíne.

Ní fheileann éadaí aoise atá thart dom
nó cruthaíonn dearthóir an Ama
faisin nua chuile lá.

Bhain an t-am thart le domhan eile
is ba dhuine eile mise fosta,
inniu domhan éagsúil atá ann;
ní liath amháin atá íor na spéire
    ach scaití dearg nó gorm;
iompraíonn sé céad míle dath
    is dúrúin
gur gá a fheiceáil
    i scáthán nua de chreideamh nua.

Leagan Gaeilge de dhán le Zhaleh Esfahani

Cothaíonn foinsí iarnacha
srutháin sna cnoic
a ghearrann clais thanaí
mar a ndeineann sí na folacháin
i linnte súsáin,
púscadh réisc is moinge
faoi ealta druideanna
a athraíonn cumraíochtaí
díreach mar a bheadh éan amháin ann.

ag lúbarnaíl trí thalamh portaigh
inar fhás foraoiseacha
crainn dara is giúise tráth,
leathnaíonn sí amach i machairí uisce,
áit fhearannais lachain is gé is eala,
a n-ionad sosa nuair a thiteann siad
anuas faoin uisce go grinneall
faoi bhráid adharca na heilce móire,
is easnaí dorcha crainn is duine.

Anois i ndúthaigh do mhuintire,
drogall uirthi an láthair seo a fhágaint
moillíonn an abhainn
is casann go lúbach nathartha
soir agus siar agus soir arís
trí mhéithe samhrata,
is machairí geimhreata
nó go spréann go tobann
tomaidhm ina slaodanna faoin tír.

Sílim go mbuaileann cloig bháite
seanmhainistreacha mar chuislí
ina bolg láibeach; gur cuimhin léi
gártha na n-iascairí eascainne,

cílí na mbád i dtoll a chéile léi,
crúba faiteacha na bhfianna
ó choill Chomáin ag teacht chuici
chun scíobas uisce sna tanaíocha.

Líonann báisteach an gheimhridh na turlaigh,
ag scairdeadh as gáganna
i bhféitheacha na haolchloiche,
ag púscadh aníos trí na pollta slogaide –
poll an Éisc, Poll an Mharla. Poll an Bháis –
an cillín ar a bhruach ina luíonn
na leanaí gan bhaisteadh
múchta le láib is féar;

maith is eol di an turlach reoite
mar ar éag triúr de mhuintir Mhic Ghiollarua

is iad ag tarrtháil comharsain óna bhá;
carn lachtán Lisín na Carra,
uaigh an tsagairt a dúnmharaíodh
ar a bhealach ón eaglais i bhFíorta,
na *Point-to-Points*; na mangairí,
na capaill sna cosa in airde.

Bliain i ndiaidh bliana
na laftáin ghairbhéil ar a grinneall
ag déanamh boirligh ina huiscí,
á roinnt i réimsí fada
a bhrostaíonn chun na Sionainne.
bliain i ndiaidh bliana
na pilibíní ag éagaoineadh
is osnaí Úna Bhán ar an ngaoth
de shíor ag tnúth lena grá.

Faoi dhuirleoga is tailte féaraigh
luíonn páirceanna is sráidbhailte ré eile
ag santú an tsaoil seo againne,
ag iarraidh de shíor bheith san am i láthair;
a gcuid scéalta a insint dúinn
in adhmad, easna is cloch.
nochtann siad i mbachtaí móna,
i ngearrtháin bhóthair, i mbáid ársa
dreideáilte as tóin locha,
nó mastadán óg fuascailte
as coscairt seascainn reoite.

Inniu ag obair dom i ngairdín Earraigh,
crainn daimsíní faoi lánbhláth,
fairim mar a dtiteann starrfhiacla
is cnámha mínmheilte éan, ainmhí
is an duine daonna ina mbricíní mildaite
ar nós uibheacha seilide ar mo shluasaid
ag tarraingt m'airde orthu fós.
is an duanaireacht a fhágtar i dtólamh,
'sí duanaireacht na beatha í
ag bá bhuillí chlog na marbh
ón ardeaglais sa bhaile.

Gafa ina gcuid éadaigh Domhnaigh in aois eile,
reoite gan fáthadh an gháire ar aon duine acu,
stánann siad amach as nóiméad stalcaithe;
an t-athair faoi mhalaí púiceacha ina shuí sa lár
ag borradh le mórchúis amhail duine de na boic mhóra.
an mháthair, gúna bombaisín rófháiscthe ar a cabhlach,
ina seasamh laistiar sa dara sraith ag iarraidh folú
i measc a naonúr clainne fásta.

Iniúchaim iad duine ar dhuine
is níl oiread is smid as béal amháin faoina saol.
Ar airigh na buachaillí an ghairm slógaidh,
an raibh siad bodhar ar na drumaí cogaidh,
ar threabhaigh siad an talamh faoi bhogha ceatha,
ar luíodar ag ól tae faoi scáil choca féir,
an raibh cumha ar an athair i gcoim na hoíche
ag cur a mharbhghinte faoin úir?

Is í féin, a bhean, cuma dhúr sheachantach uirthi,
an raibh siad in achrann le chéile an lá úd.
Ar cuireadh an ruaig uirthi nó tuige nach suífeadh sí leis?
Ba chóir do na cailíní bheith pósta um an dtaca seo shílfeá,
i mbun a dtithe féin in ionad a spréanna i gclár a n-éadan
  acu
is iad ag faoileáil timpeall ar chleamhnaistí;
fearann agus fód roinnte go cothrom i dtrí ranna
is fágtha le huacht ag na leaideanna.

Sílim go bhfuil do shinsir ar lóistín linn rófhada
lá i ndiaidh lae iad sínte amach ar bhoird, ar leapacha
ar leaca fuinneoige ag tarraingt aire ár súl orthu,
é in am agat anois iad a ruaigeadh ó fhearann seo na
  mbeo.
Nílim ag iarraidh ort sáiteáin a shá trína gcroíthe

ach iad a adhlacadh arís sa chónra-tarraiceán as a
    dtáinig siad
nó níl tuairimíocht a dhéanfaimis inniu fúthu
gan dul amú éigin ag gabháil leis,

is ó d'athbheoigh tú iad táid i ndiaidh seilbh
a ghlacadh ortsa agus ar an teach,
a nguthanna mar chuacha Bealtaine ag glaoch,
dod mhealladh ó gharráin dhoiléire ama,
spréach na beatha a d'fhadaigh tú iontu
ag líonadh scáileán an ríomhaire,
ag briseadh i dtonnta ar thrá do chodlata
a gceannaithe ar thaoide shíoraí ag teacht is ag imeacht.

Thugadh sí an freagra céanna i gcónaí
nuair a chuirtí an cheist uirthi,
tuige nach bhfaigheann tú fuinneoga nua?
Cairpéad in áit an chinn smolchaite? Cuirtíní nua?
Ní fiú é, a déarfaidh sí, *má tá cos liom ar bhruach,
san uaigh atá an ceann eile*.

Cuachta thar smúidtine ag éisteacht
le roiseadh gaoithe sa simléir
lean sí ar aghaidh mar sin ar feadh fiche bliain
séideáin sí an gheimhridh ag baint stangtha
as na fuinneoga; grian an tsamhraidh
ag lobhadh na gcuirtíní.

Sheoladh a hiníonacha i *Los Angeles*
beartáin dá gcuid éadaigh caite chuici,
gúnaí ildaite níolóin, poill bhídeacha sna sciortaí
ó spréacha toitíní; cuaráin nár chlúdaigh a buinneán.
Ach chaitheadh sí na héadaí le mórtas, cinnte
go raibh sí céim os cionn na gcomharsan.

Bhí an chuma uirthi go raibh sparán na scillinge aici,
í ag seoladh geansaithe caismíre chuig na cailíní
ag ceannach ola d'fhonn rugaí teallaigh a dhéanamh
dá gcuid árasán i dTrá *Redondo*;
níor airigh siad radharc a súl ag dul i laige,
mar a d'imigh sí thar chiumhsa a gréasoibre;
ar seachrán i gcathair ghríobháin na ndathanna
gan ceirtlín snátha le feiscint a threoródh amach í.

Mí an Mheithimh 1586

Torrach, a céile básaithe. scríobh sí chuige.
D'insíodh tú dom go gcloífimis le chéile
go mbeimis chomh liath le broic.
tuige gur fhág tú i do dhiaidh mé mar seo
im bhaintreach óg?
Tar chugam faoi rún, a ghrá, tar chugam
is d'fhág sí an litir ar an uaigh
maille le bróga a d'fhigh sí go dlúth ó rúsc cnáibe
trilsithe lena cuid gruaige dorcha féin.

Is ann a luíodar leis na cianta
go dtí gur tosnaíodh ar uaigheanna a bhogadh
chun tithe a thógáil i gcathair *Andong* na Cóire,
is thángadar ar an litir a d'fhág *Yeoni* ann –
macallaí an ghrá ag síothlú
ar nós cuislí órga croí trí na haoiseanna.

Le scríob den pheann, athchumadh;
ainm, tír, a shean is a shinsir séanta,
an chuma air go raibh sé gan chosc gan cheangal,
ach d'iompair sé duairceas an deoraí leis,
a chúlra coimthíoch, a chuid uaillmhéine
dingthe isteach go teann ina mhála
i measc péinteanna, scuab is pailéad.

Is dhiúltaigh na seanchuimhní imeacht;
torcáin chraobhacha ag neadú sa ghairdín,
a mháthair a fuair bás den ocras,
mná an tsráidbhaile ag urnaí, a gcíocha nochta
á gcuimilt acu i gcoinne gallán cloch,
oilithrigh ag crochadh ceirteacha ar chrann
a lomraigh doineann na gcianta.

An sean is an nua-shaol sa deireadh
faoi chuing na samhlaíochta aige,
a chlú bainte amach ar fud na hilchríche,
faoi mar a bhainfeá smeach as do mhéar,
chuaigh a stiúideo trí thine, a chuid saothar dóite.
Bhailigh a chéile a giuirléidí chuici,
chruinnigh na páistí is d'imigh.

Ón uair a chiceáil sé an stól faoi,
ní raibh ann ach caochadh na súl
go raibh sé marbh ag crochadh
ó mhaide i seid an ghairdín.
Níor thóg sé ach meandar
an nóta a d'fhág sé a léamh.

Casfaidh cait allta le faolchúnna inti;
agus beidh na púcaí ansin ag glaoch ar a chéile;
is inti a rachaidh an chailleach oíche ar ceathrúin
ag lorg suaimhneas di féin – Iseáia 34:14

Is mise an t-ainm neamh-inrásta,
is mise an láithreacht aineoil
a chuireann cluain ar fhir,
a gháireann chuile uair a bhíonn
eisil oíche ag Críostaí cráifeach,
naímharfóir a fhágann an cliabhán folamh,
céile, bean leapa is máthair chríonna Shátain,
mé an nathairbhean ag cúléisteacht
ó chraobhacha duilliúracha Chrann na Beatha
faoina luíonn Ádhamh is Éabha.

Is mise Lilith, an chailleach oíche,
céadchéile Ádhaimh, mo scéal scríte amach acu,
díbeartha go díseart lasmuigh den Scríbhinn Dhiaga,
go cuideachta Phúcaí na mBeann is alltacht na hoíche.
Luí agus lé agam le deamhan, dar leo,
na céadta deamhan saolaithe dom gach lá;
é agartha orm agus orm amháin
nó gur dhiúltaíos lútáil dom chéile.
Is as sin a bhain siad díoltas orm;

is ní aon d'iarraidh amháin a chruthaigh Dia bean.
Ní raibh sé soiléir dó cad a bhí uaidh
nó níos tábhachtaí cad a bheadh de dhíth ar an bhfear
ach ar aghaidh leis agus chruthaigh Ádhamh is mise
san am céanna, ón gcré cheannann chéanna.
Boc tiarnúil gan amhras a bhí san fhear sin
nár iompair é féin róghnaíúil liom,
é faoi bhun ár n-easaontas ar fad. In éad liom

mar thug Dia sciatháin dom nár airigh mé ar dtús
iad chomh héadrom báite le clúmhach góislín.

Fadálach na laethe in Éidin ag déanamh comhrá
le nathracha, ag marcaíocht ar mhuin aonadharcaigh,
ag fiach féileacán is éan Pharthais nó ag súgradh
le coileáin tíogair; gach ainmhí, murab ionann
is muidne, i mbun a ghnó féin.
Bhíos uaigneach, ag faire ar ghiolla na leisce seo a'msa
falsacht is spadántacht go smior ann, ag ithe, ag ól
ag déanamh ionaidh dá áilleacht i scátháin na linnte
de shíor ag rá go raibh sé cumtha den chré ab fhearr,
nach raibh ionamsa ach deannach is glae.

Dúras le hÁdhamh, *nílim chun luí fút, a thuilleadh,*
táim cothrom leat. Den chré chéanna a cumadh muid.
Is d'fhreagair sé, nílimse chun luí fút. Ar an mbarr amháin
   a luífeadsa.
Síth ná páirt níor ceanglaíodh eadrainn;
an lámh in uachtar faighte aige, d'éignigh sé mé
is ag gairm go hainmnithe ar ainm doluaite Iáivé
d'éalaíos ar mo sciatháin uaidh go buaic na spéire,
mé mar an fia tafnaithe, drong throm aingeal im dhiaidh
ag bagairt bá sa Mhuir Dhearg orm muna bhfillfinn.

Ach níor fhilleas. Ná níor mheathas le cumha
i ndiaidh úlla mealltacha Éidin ná spanga Dé éadmhair,
eagla air go ngoidfeadh an Duine eochair an Fheasa.
Ghlac na treibheanna garbha lasmuigh liom,
na feirmeoirí, na tréadaithe, mná i dtinneas clainne,
a ghuigh chugam, mar bhandia, cabhrú leo
is líonas a gcoirceoga le mil is útha a gcaorach le bainne,
is ar m'eitilt thart, chlúdaíos na goirt le geamhair.

Mallaithe, im cheap milleáin mar nár umhlaíos dom
   chéile,

d'éalaíos ó mhallacht Éidin, mallacht bhás an chine
    dhaonna.
is mairfead choíche i scéal chailleach an uafáis,
i seanmóireacht na cléire, i spiorad na gaoithe.

Nílimse i ngreim na gealaí mar a bhínn tráth.
Lonraíonn sí faoina gnáthghnéithe ón réaltbhuíon
   chéanna;
tagann sí chun cinn is téann ar gcúl mar a dhein riamh
chun a seanchluichí a imirt le taoidí dearga mo choirp
ach ní ghéillfead dá smacht a thuilleadh.

Na laethanta seo coimeádann sí súil orm,
a haghaidh leathiompaithe uaim
ag iarraidh éalú ón scáil a chaithim uirthi
ach nuair a dheinim géariniúchadh ar a haghaidh
chím sna méirscrí dorcha mo cheannaithe féin.

Is mar sin a choimeádann sí faoi smacht mé
ina bánú le haithne an lae, dom ghlanadh amach
mar cheirt leath-thuartha i gcoinne ghoirme na spéire.
Is mar sin a chaitheann sí mé i gcoinne na duirlinge,
ní gan taithneasc ar pé taoide a roghnaíonn sí dom.

Na *Gigabytes*

Lasnairde, chím Túr Baibéil nua
ciseal ar chiseal carnáilte le *gigabytes*
chomh dlúth le gaineamh na trá
ag éirí aníos, ag druidim leis an ngréin
i ngormbhuaic na spéire

Tugann siad an uillinn
do réaltáin is réaltbhuíonta
a theitheann, sceoin is eagla orthu,
ar bóróiricín trí ghlinnte an aeir
ag inphléascadh sa deireadh
ar a gcroíthe rúnda oighreata féin.

Nua-aingil ár gcuntais iad,
a chláraíonn ár síorchaint,
ár ngéarghá caidrimh
a choimeád ar bun le téacsanna,
grianghraif, gliogaireacht chainte
ó fhón póca go fón póca,
ríomhphoist ó ríomhaire go ríomhaire.

Féach mar a lonraíonn ár mbriathra
ón neamh mharthanach sin *cyberspace,*
mar a bhreathnaíonn déithe *Talk-Talk*
anuas orainn go caoin is muid
ar *Facebook, Twitter* is Blag
ag cabaireacht is ag ligint ár rún
leis an domhan is Tadhg an mhargaidh.

Ag faire dom ar tsumani ár ngalamaisíocht chainte
ag frithbhualadh i ngaoth idir-réaltraigh
táim chomh meallta is a bhí *Galileo* tráth,
a theileascóp dírithe ar Iúpatar,
ag grinniú ar chúrsa rinnce a ngealach thairis

táim sáite inár ngráite, ár gcaillteanais,
báite inár bhfaitís, ár mionsmaointe uilig.
seo comhartha chuimhne ó bhaois ár linne,
an domhan samhalta á stiúradh
ag na milliúin cara samhalta a bhreathnaíonn
gan trócaire orainn ó áras na n*gigabytes*.

TRANGLAM

Conas is féidir linn maireachtáil
le toil do-inste na ndéithe a phléascann
as ionathar an domhain i reachta stoirme,
crith talún, nó *tsunami*, ar thóir
na n-íobartach fola gur leo iad le ceart,
conas a chasaimid i leataobh ó dhaoine
as a ndóchas teacht ar a ngaolta faoin smionagar?
ar chorpáin, gan oiread is na seacht sluaiste orthu?
ar thochtaíl ghoil a bpáistí ag cuartú bia?

Níl aon neamhaistear anois orainn
seachas a bheith ag caoineadh faoi threascairt
an chait chrainn rua, corrmhóna an treacha,
is an caribú coillearnaí i mbarr a dhíosctha;
ach níl an giúmar orainn an fiach a chur ar dhragain,
a gcimí a scaoileadh ó theaghrán,
is tógaimid claíocha in aghaidh seanaghaoth,
cruachaimid málaí gainimh i gcoinne na hanachaine
is muid ag gormaireacht chois tine ag éisteacht
le spallaíocht chainte ó óstach teilifíse.

ÓID DO MHAGAIRLÍN

Maith is eol dom go mb'fhearr leat maireachtáil
i gcrann ard os cionn talaimh san fhoraois bháistí;
tusa a thogh *Confucius* thar gach bláth eile,
táir ró-andúchasach le bheith id sheasamh anseo
i bpota trédhearcach plaisteach ar leac na fuinneoige
laistiar de dhoirteal de chruach dhomheirgthe.

Bhís chomh righin le gad ar feadh i bhfad,
leisceoir leadránach, drogall ort bogadh,
tormas ort ag stánadh ó do nead dhuilliúrach.
B'fhuath leat mise ag stealladh ort le huiscí sconna.
B'fhuath leat mar a chuireas bia siar ort
amhail is go mba ghé thú á ramhrú do *foie gras*.

Faoi dheireadh, ní rabhais in ann staonadh ón mborradh
is d'eascair gas fada ó ghlaise do chroí,
raidhse bachlóg ó cheann ceann a fhaid.
Tráth fuireachais ansin, ag déanamh moille arís;
taibhríodh dom gur ghoid an oíche thú. Ach ar m'éirí
chím bachlóg aonair mar fhéileacáin ag leathadh a
    sciathán.

Planda na ndéithe, bairdéir a chuireann cosc ar an olc,
do fhréamhacha ite mar afraidíseach, níl tada im theach
a mheabhródh an t-am thart duit nó mar a dhéanfá
    aithris tráth
ar éan, beach nó leamhan, pé créatúr a mheallfá chugat
dod phailniú. Tada le mealladh anois ach lonradh na
    gealaí
trí ghloine ar do bhláthanna gan chodladh.

An Collóir

Rós saileog na mbileog cúng
ag caitheamh luain chorcra ina thimpeall,
chím mar a shiúlann sé thart go mall,
croíthe a dhearna in airde,
gabhlóg chrann coille nuaghearrtha
ina eite spréite idir a dhá láimh.

A aigne mar chnó caoch,
chuile smaoineamh díbeartha,
deineann sé feitheamh foighdeach
ar tharraingt a chollslaite anuas
nuair a líonfaidh folús a chinn
le cuislí uisce ag preabadh
ó bhroinn dhorcha na talún.

Ar chaoi éigin aimsím a chuid draíochta
dulta sall orm féin ach in ionad uisce
go líonann m'aigne le crann ollmhór
ag titim i nglothar an bháis,
ainmneacha scríte ar na milliúnta duilleog
sciobtha le gaoth sula bhféadaim
ár gcinniúint a léamh.

Deireadh an lae is suíonn an collóir,
a dhá chois trasna ar a chéile aige,
díreach san áit sa mhóinéar
mar a n-osclófar a thobar
is ar feadh na faide mise sa tóir
i chuile pholl is proclais na tíre
ar dhiasra tanaí na gaoithe.

Seo anseo thú, grian ag taitneamh
ar smionagar do chnámh
spréite go tiubh ar thrádaire stáin
maisithe go scéiniúil
le lusanna buí na gréine.

Fairim ar do neasghaolta
ina ngasraí streachlánacha,
ar nós neach síofrúil ag siúl
an fhéir ar bharr na heasrach
gan oiread is rian coise a fhágaint.

Ar chuma ealta faoileán, tuirlingíonn
na laethe, na míonna, na blianta tharstu,
ag scríobadh amach gan iomrall
pé cuimhní is macallaí ded óige
a mheas tú bheith ar foluain fán tír.

Ní fhágann ach scata beag an aoirde,
ag cur duainéise orthu féin
dul faoin shreang dheilgneach
do chuid luaithrigh á n-iompar acu
chun na farraige síos.

Breathnaím ar an tsreang dheilgneach,
dlaoithe olann caorach i bhfostú ann,
is cloisim arís an deimheas chun aighnis
a bhíodh ort, mar a ghéillimis romhat
is mar a ghéillimid fós de réir do thola.

Leathach lae is oíche an earraigh,
na clocha ag caint is ag cogarnach
i dteanga ársa ar theorainn ár gcuimhne,
dreapaimid Sliabh na Caillí roimh láchaint
ar thóir dhia na gréine ag tolladh dhorchadas
a uaimhe féin ar bharr Loch Craoibhe.

Gaoth ghonta Mhárta ag gabháil go heasna,
fairimid ar fhuinneog ag teacht sa spéir,
éadan na gréine ag éirí ar bhun na fíorach,
ga solais ag taisteal idir clocha greanta
le comharthaí grianda go dtuirlingíonn sé
ar a shamhail féin ar an gcúlchloch.

I gcroílár chlog gréine ollmhóire,
clocha, solas is scáileanna báite ina chéile,
luí agus éirí na mílte grian ó thús ama
ag guairneáil tharainn,
déantar staic dínn, barróg inár gcaint
is an t-earrach nua tagtha chugainn.

An Scardán

An ghrian ar mhoing an leoin,
ar na súile a stánann amach gan chaochadh
ón aghaidh airgid seamsaithe le balla,
ar chiorcal cuasach a bhéil
as ar shil uiscí i mbraontaí i samhraí eile.

Samhlaím é mar a bhíodh sé sna laethe sin,
ar dhath an uachtair seachas cóta miotalach;
faoi fhothain chrothbhláthra visteáiria
an t-uisce ag scairdeadh go luaimhneach as
go dtí an t-umar laistíos

Tá m'fhuarán i ndísc anois, chomh tirim
leis an gceann i *Malaigue* inar mhair an scairp;
níl oiread is deoir a fhliuchfadh béal an leoin
ná fiú macalla na gcuislí uisciúla le cloisint
chun rithim a thabhairt do dhán
atá ag iarraidh eitilt mar scalltáin lá samhraidh.

DEIRDRE BRENNAN is a bilingual writer of poetry, short stories and drama. Born in Dublin, she studied English and Latin at UCD followed by a H.Dip. in Education. She has published eight collections of poetry to date: *I Reilig na mBan Rialta* (Coiscéim, 1984), *Scothanna Geala* (Coiscéim, 1989), a *Poetry Ireland* 'Choice of the Year', *Thar Cholbha na Mara* (Coiscéim, 1993), *Ag Mealladh Réalta* (Coiscéim, 2000), an Oireachtas prizewinner, *The Hen Party* (Lapwing, 2001), *Beneath Castles of White Sail* (*Divas*, Arlen House, 2003), *Swimming with Pelicans* and *Ag Eitilt fara Condair* (Arlen House, 2007). Her short stories appear in *The Irish Times, Passages, Anois, Comhar, Feasta, Lá* and *Foinse* and have featured on RTÉ Radio 1, as did a six-part drama series, *Go to Blazes*. Her collection of short fiction was published as *An Banana Bean Sí agus Scéalta Eile* (Coiscéim, 2009). A founder member of Éigse Carlow Arts Festival in 1978, Deirdre was Chair and Secretary during its early years, and she was also a founder member of Comhaltas Ceoltóirí in Carlow, serving as Chair and Secretary.

Is scríbhneoir dátheangach í DEIRDRE BRENNAN. I measc an tsaothair óna peann tá filíocht, gearrscéalta agus drámaí. Rugadh i mBaile Átha Cliath í agus bhain sí céim amach sa Bhéarla agus sa Laidin i UCD agus ina dhiaidh sin, an tArd Teastas san Oideachas. Tá ocht gcnuasach filíochta foilsithe aici go dtí seo: *I Reilig na mBan Rialta* (Coiscéim, 1984), *Scothanna Geala* (Coiscéim, 1989), 'Rogha Éigse Éireann' na bliana sin, *Thar Cholbha na Mara* (Coiscéim 1993), *Ag Mealladh Réalta* (Coiscéim, 2000), a fuair duais san Oireachtas, *The Hen Party* (Lapwing, 2001), *Beneath Castles of White Sail* (*Divas*, Arlen House, 2003), *Swimming with Pelicans* agus *Ag Eitilt fara Condair* (Arlen House, 2007). Tá a gearrscéalta curtha i gcló ag *The Irish Times, Passages, Anois, Comhar, Feasta, Lá* agus *Foinse* agus craoladh iad ar RTÉ Raidió 1 chomh maith le sraith drámaí, *Go to Blazes*. Tá cnuasach dá gearrscéalta *An Banana Bean Sí agus Scéalta Eile* foilsithe ag Coiscéim. Ball den choiste a bhunaigh an fhéile ealaíne, Éigse Cheatharlach i 1978, bhí Deirdre ina rúnaí agus ina cathaoirleach ar feadh roinnt de bhlianta agus is duine de bhunaitheoirí Chomhaltas Ceoltóirí i gCeatharlach í chomh maith is í ag freastal mar chathaoirleach agus rúnaí.